# BEI GRIN MACHT SICH IH
# WISSEN BEZAHLT

- Wir veröffentlichen Ihre Hausarbeit,
  Bachelor- und Masterarbeit

- Ihr eigenes eBook und Buch -
  weltweit in allen wichtigen Shops

- Verdienen Sie an jedem Verkauf

## Jetzt bei www.GRIN.com hochladen
## und kostenlos publizieren

Marco Bernal y Paños

# GUI-Prototyping

GRIN Verlag

**Bibliografische Information der Deutschen Nationalbibliothek:**

Die Deutsche Bibliothek verzeichnet diese Publikation in der Deutschen National-
bibliografie; detaillierte bibliografische Daten sind im Internet über http://dnb.d-
nb.de/ abrufbar.

**Impressum:**

Copyright © 2011 GRIN Verlag GmbH
Druck und Bindung: Books on Demand GmbH, Norderstedt Germany
ISBN: 978-3-656-03711-8

**Dieses Buch bei GRIN:**

http://www.grin.com/de/e-book/180670/gui-prototyping

**GRIN - Your knowledge has value**

Der GRIN Verlag publiziert seit 1998 wissenschaftliche Arbeiten von Studenten, Hochschullehrern und anderen Akademikern als eBook und gedrucktes Buch. Die Verlagswebsite www.grin.com ist die ideale Plattform zur Veröffentlichung von Hausarbeiten, Abschlussarbeiten, wissenschaftlichen Aufsätzen, Dissertationen und Fachbüchern.

**Besuchen Sie uns im Internet:**

http://www.grin.com/

http://www.facebook.com/grincom

http://www.twitter.com/grin_com

# GUI-Prototyping

**Seminararbeit**

Aachen, den 27. Juli 2011

# Abstract

Anforderungen an die Benutzeroberfläche einer Software müssen spezifiziert und dokumentiert werden. GUI-Prototyping ist eine Möglichkeit zur Dokumentation dieser Anforderungen. Die Benutzeroberfläche als Schnittstelle zwischen Entwickler und Anwender der Software ist ein kritischer Punkt in der Softwareentwicklung. Entwickler sollen Vorstellungen und Wünsche der Anwender an die Benutzeroberfläche in Code umsetzen. Anwender können sich aber mitunter nicht in der Art und Weise technisch ausdrücken, wie es unter Umständen erforderlich wäre. In dieser Seminararbeit werden die generelle Methodik des GUI-Prototyping, spezielle Darstellungstechniken von Elementen der Benutzeroberfläche sowie Möglichkeiten und Grenzen dargestellt und erläutert. Ergebnis dieser Seminararbeit ist, dass GUI-Prototyping die Schnittstellenproblematik löst, indem es die Kommunikation zwischen Technikern und Nicht-Technikern erleichtert. GUI-Prototyping ist einfach und leicht verständlich, so dass auch interdisziplinäre Teams zusammenarbeiten können. Weiterhin senkt es die Kosten im Softwareentwicklungsprozess deutlich, da bereits in einer frühen Phase mit dem System interagiert und das System getestet werden kann.

# Inhaltsverzeichnis

# Abbildungsverzeichnis

# 1 Einführung

Softwareentwicklung sieht sich mit wesentlichen Herausforderungen konfrontiert. Solche Herausforderungen sind u.a. zunehmende Komplexität, steigender Kostendruck, kürzere Entwicklungszeiten oder wachsender Qualitätsanspruch.[1] Als Quelle für Probleme bei der Softwareentwicklung haben einige Studien Anforderungen an die Software ausfindig gemacht.[2] Eine **Anforderung** ist definiert als „Aussage über eine Eigenschaft oder Leistung eines Produktes, eines Prozesses oder der am Prozess beteiligten Personen".[3] Den oben genannten Herausforderungen und Problemen der Softwareentwicklung kann allerdings mit einem erfolgreichen **Requirements Engineering** entgegengetreten werden.[4] Requirements Engineering (im Folgenden kurz: RE) ermittelt, formuliert und validiert Anforderungen und verwaltet („managt") sie.[5] Für das System relevante Anforderungen werden von Personen oder Institutionen, die ein potenzielles Interesse am zukünftigen System haben, ermittelt und gestellt. Diese Gruppe wird als **Stakeholder** bezeichnet.[6]

Im Prozess der Softwareentwicklung implementieren Softwareentwickler (ebenfalls Stakeholder) die gesammelten Anforderungen in das zukünftige System. Dazu müssen sie zwingendermaßen mit den anderen Stakeholdern kommunizieren. Die Schnittstelle Entwickler – andere Stakeholder birgt ein großes Konfliktpotenzial. Dadurch, dass sich Entwickler eher technisch-rational ausdrücken, erwarten sie dies bei der Formulierung von Anwendungen auch von anderen Stakeholdern. Der Großteil der Stakeholder drückt sich allerdings nicht technisch aus. Der normale Anwender oder nicht-technische Abteilungen im Allgemeinen wie das Marketing verfügen in der Regel über keinen technischen Hintergrund. Daher entstehen Missverständnisse, die zu falschen Vorstellungen von Anforderungen führen und typische Probleme der Anforderungsanalyse darstellen.[7] Im schlimmsten Fall würde dies bedeuten, dass Entwickler Eigenschaften in die Software implementieren, die beispielsweise vom Marketing nie in dieser Form gefordert wurden.[8]

„Projektbeteiligte sprechen nicht alle die gleiche Sprache, denn Sprache ist kein genormtes Ausdrucksmedium. Jeder Mensch ist in seinem Sprachgebrauch von seiner Umwelt, seinem

---

[1] Vgl. Pohl 2007, S. 7
[2] Vgl. Pohl 2007, S. 9
[3] Rupp 2007, S. 13
[4] Vgl. Pohl 2007, S. 7
[5] Vgl. Rupp 2007, S. 540 ff.
[6] Vgl. Pohl 2007, S. 65
[7] Vgl. Rupp 2007, S. 24
[8] Vgl. Snyder 2003, S. 65

Fachgebiet, seinem Hintergrund, seinen Kenntnissen und seinen persönlichen Erfahrungen geprägt".[9]

Eine Möglichkeit die Kommunikationsprobleme zwischen Entwicklern und anderen Stakeholdern zu beheben stellt die Technik des **GUI-Prototypings** dar.[10] Ziel dieser Seminararbeit ist es die Methodik des GUI-Prototypings sowohl darzustellen als auch zu untersuchen, inwiefern sie die oben genannte Schnittstellenproblematik aufgreift und löst. Weiterhin sollen Möglichkeiten und Grenzen des GUI-Prototypings dargestellt werden.

Dafür sollen zunächst in Kapitel 2 die Begriffe des GUI und des Prototyps definiert werden. In Kapitel 3 werden Motivation und Methoden des GUI-Prototypings sowie eine mögliche Eignung als Bindeglied für die Schnittstelle Techniker und Nicht-Techniker kritisch hinterfragt. Kapitel 4 fasst schließlich die Untersuchungsergebnisse zusammen.

---

[9] Rupp 2007, S. 25
[10] Vgl. Snyder 2003, S. 12

## 2  Theoretische Grundlagen

Der Begriff „GUI-Prototyping" setzt sich aus den Wörtern „GUI" und „Prototyping" zusammen. Diese sollen im Folgenden erläutert werden.

### 2.1  GUI

GUI ist ein Akronym des englischen Begriffs **Graphical User Interface**.[11] Eine gängige deutsche Bezeichnung lautet **„grafische Benutzeroberfläche"**. Hierbei werden für den Benutzer relevante Informationen bildhaft bzw. grafisch dargestellt. Bestandteile von grafischen Benutzeroberflächen können Fenster, Menüs, Symbole und Steuerelemente sein.[12]

**Abbildung 1:** GUI von Word 2010

Quelle: Eigene Darstellung

**Fenster** teilen den Bildschirm in Arbeitsbereiche auf. Diese können sich gegenseitig überlappen, bildschirmfüllend oder benachbart sein. Fenster lassen sich weiterhin unterteilen in Anwendungs-, Dokument- und Dialogfenster.[13]

**Menüs** bieten eine übersichtliche Auswahl von Funktionen einer Software (oder Webseite u.ä.) an. Diese können entweder permanent (z.B. am Rand) oder anwendungsbezogen (z.B. während eines bestimmten Arbeitsschritts) angezeigt werden.[14]

---

[11] Vgl. Laudon/Laudon/Schoder 2009, S. 339
[12] Vgl. Stahlknecht/Hasenkamp 2005, S. 81
[13] Vgl. Stahlknecht/Hasenkamp 2005, S. 81
[14] Vgl. Stahlknecht/Hasenkamp 2005, S. 81

**Symbole** sind stilisierte Abbildungen von Funktionen, die sich durch einen Mausklick ausführen lassen. Ein bekanntes Symbol ist z.B. eine Schere für die Funktion „Ausschneiden". **Steuerelemente** können Scrollbars oder Buttons sein.[15]

Abbildung 1 zeigt die grafische Oberfläche von Word 2010. Im oberen Bereich befindet sich die Menüleiste, am rechten Rand eine Scrollleiste. Das Fenster „Absatz" ist geöffnet. Symbole wie die Schere zum Ausschneiden oder ein Kreuz zum Schließen der Anwendung sind ebenfalls zu sehen.


## 2.2  Prototyp

Ein Prototyp ist ein Abbild eines zukünftigen Systems mit dem man die Möglichkeit hat zu interagieren, bevor die Endversion fertiggestellt ist. Prototypen sind vor allem auch aus konstruierenden Branchen wie der Automobilindustrie bekannt. Durch die Interaktion mit einem Prototyp können frühzeitig Vorstellungen oder Wünsche von Benutzern an das fertige System identifiziert werden. Auch Probleme oder Missstände lassen sich so bereits vor der Fertigstellung des Endprodukts feststellen.[16]

Gegenstand dieser Seminararbeit sind Prototypen aus Papier, sogenannte **Papierprototypen** (englisch: paper prototype[17]). Papierprototypen können bereits mit Papier und Bleistift erstellt werden und stellen damit eine kostengünstige und schnelle Alternative dar, einen Prototyp zu konstruieren.[18] Eine weitere Art von Prototypen sind z.B. durch eine Software erstellte Prototypen, die hier nicht weiter behandelt werden sollen.

Die Literatur unterscheidet horizontale und vertikale Prototypen, exploratives, experimentelles und evolutionäres Prototyping sowie High-Fidelity- und Low-Fidelity-Prototypen.[19] In Anbetracht der Problemstellung ist es allerdings ausreichend in „einfaches Prototyping" sowie in „erweitertes Prototyping" zu differenzieren. Sie hierfür Kapitel 3.2.

Beide Definitionen abschließend betrachtend beschäftigt sich GUI-Prototyping mit dem Erstellen von Prototypen von grafischen Benutzeroberflächen. Menüs, Fenster, Symbole und Steue-

---

[15] Vgl. Stahlknecht/Hasenkamp 2005, S. 81
[16] Vgl. Grechenig/Bernhart/Breitender/Kappel 2010, S. 541
[17] Vgl. Snyder 2003, S. 3
[18] Vgl. Rupp 2007, S. 68
[19] Lese hierzu vertiefend  Pohl 2007, S. 368ff. , Grechenig/Bernhart/Breitender/Kappel 2010, S. 541ff. sowie Rupp 2007, S. 66ff.

rungselemente werden auf Papier gezeichnet, um eine Vorstellung vom zukünftigen GUI zu erhalten. Ein weiterer gängiger Begriff ist „User Interface Prototyping"[20].

## 2.3 Anforderungen

Anforderungen an ein System lassen sich unterscheiden in funktionale Anforderungen, Qualitätsanforderungen und Rahmenbedingungen.[21]

**Funktionale Anforderungen** beziehen sich auf die zukünftigen Funktionen des Systems. „Eine funktionale Anforderung definiert eine vom System bzw. von einer Systemkomponente bereitzustellende Funktion oder einen bereitzustellenden Service."[22] **Qualitätsanforderungen** hingegen definieren qualitative Eigenschaften des Systems, wie beispielsweise Sicherheit, Zuverlässigkeit oder Performanz.[23] **Rahmenbedingungen** sind als Einschränkungen des Systems zu verstehen. Dabei können sowohl Prozesse als auch das System eingeschränkt werden.[24] Beispiele für Einschränkungen sind Fristen oder einzuhaltende gesetzliche Bestimmungen.

---

[20] Richter/Flückiger 2010, S. 21
[21] Vgl. Pohl 2007, S. 14
[22] Pohl 2007, S. 15
[23] Vgl. Pohl 2007, S. 15f.
[24] Vgl. Pohl 2007, S. 18f.

# 3 GUI-Prototyping zur Dokumentation von Anforderungen an die Benutzeroberfläche

## 3.1 Motivation

Warum GUI-Prototyping im Softwareentwicklungsprozess eingesetzt wird, sollen die folgenden Abschnitte näherbringen.

### 3.1.1 Abdeckung der Ziele des Requirements Engineering

Die grundlegende Motivation des GUI-Prototypings ergibt sich aus der in der Einführung genannten Feststellung, dass ein vernünftig durchgeführtes Requirements Engineering Basis für eine erfolgreiche Softwareentwicklung ist.

Betrachtet man eine genauere Definition des Requirements Engineering, so hat RE im Wesentlichen drei Ziele zur Aufgabe:

„Requirements Engineering ist ein kooperativer, iterativer, inkrementeller Prozess, dessen Ziel es ist zu gewährleisten, dass
(1) alle relevanten Anforderungen bekannt und in dem erforderlichen Detaillierungsgrad verstanden sind,
(2) die involvierten Stakeholder eine ausreichende Übereinstimmung über die bekannten Anforderungen erzielen,
(3) alle Anforderungen konform zu den Dokumentationsvorschriften dokumentiert bzw. konform zu den Spezifikationen spezifiziert sind".[25]

Da eine grafische Benutzeroberfläche heutzutage in der Regel ein wesentlicher Bestandteil von Software ist, fallen ebenfalls Anforderungen für das GUI an. Diese werden im Rahmen eines ordentlichen RE spezifiziert und dokumentiert. GUI-Prototyping stellt eine Möglichkeit dar, diese Anforderungen zu dokumentieren.[26]

Weitere Methoden Anforderungen zu dokumentieren sind u.a. Tabellen oder natürliche Sprache.[27] Insbesondere die natürliche Sprache stößt dabei schnell an ihre Grenzen. Ein anschauliches Beispiel ist es, sämtliche Elemente, die das GUI von Word 2010 in Abbildung 1 bietet, auszuformulieren. Ein langer Text entsteht, von dem sich lesende Stakeholder kaum ein Bild machen können.[28] Wesentlich effektiver ist es das GUI mit Papier und Bleistift abzubilden. So lässt sich bei den Stakeholdern auch eine bessere Übereinstimmung über die Anforderungen

---

[25] Pohl 2007, S. 43
[26] Vgl. Rupp 2007, S. 267 ff.
[27] Vgl. Rupp 2007, S. 271
[28] Beispiel in Anlehnung an Rupp 2007, S. 267

erlangen (Nr. 2 der Definition). Gleichzeitig erleichtert es die Kommunikation (s. Punkt 3.1.3), was sicherstellt, dass die Anforderungen „bekannt" und „verstanden" sind (Nr. 1 der Definition).

### 3.1.2 Geringe Kosten und Kostenreduktion

Ein weiterer wichtiger Grund für GUI-Prototyping ergibt sich aus dem Einsatz in einer frühen Phase des Softwareentwicklungsprozesses. GUI-Prototyping findet vor allem in der Entwurf-sphase statt.

**Abbildung 2:** Fehler im Softwareentwicklungsprozess und ihre Kosten

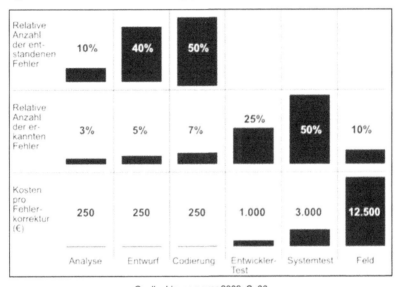

Quelle: Liggesmeyer 2009, S. 33

Betrachtet man Abbildung 2 so fällt auf, dass 40% der Fehler im Entwicklungsprozess im Ent-wurf entstehen. Gleichzeitig sind die Kosten pro Fehlerkorrektur mit 250€ pro Korrektur ver-gleichsweise gering. Es empfiehlt sich also, Fehler bereits in einer frühen Phase zu beseitigen, da die Beseitigungskosten im späteren Entwicklungsverlauf exorbitant ansteigen.

Weiterhin sind die absoluten Kosten (Papier und Stifte) für die Erstellung eines Papierprototy-pens ebenfalls sehr gering.

### 3.1.3  Erleichterung der Kommunikation

Die wichtigste Motivation für GUI-Prototyping ergibt sich aus der Tatsache, dass die Kommunikation zwischen den Stakeholdern wesentlich erleichtert und verbessert wird. Techniker und Nicht-Techniker können einfache Zeichnungen auf Papier sowohl erstellen als auch interpretieren. Es wird eine gemeinsame Kommunikationsbasis  geschaffen sowie Einigkeit über Anforderungen erzielt, sodass die Schnittstellenproblematik zwischen Entwicklern und anderen Gruppen gelöst ist. Stakeholder aus verschiedenen Disziplinen mit verschiedenen technologischen Hintergründen können sich ebenfalls einfacher austauschen und kommen auf einen gemeinsamen Nenner, Kreativität wird nicht gehemmt sondern gefördert, da eine Zeichnung schnell angefertigt ist.[29]

Auch die Kommunikation zwischen Entwicklern untereinander wird erleichtert. Wenn etwas zu Papier gebracht ist liegt weniger Unausgesprochenes im Raum, Klarheit über das Gemeinte entsteht.[30]

Möglichkeiten und Grenzen von Papierprototypen sollen im Folgenden dargestellt werden.

### 3.2  Umsetzung

### 3.2.1  Einfaches GUI-Prototyping

Einfaches GUI-Prototyping ist das Erstellen eines Papierprototyps ohne anschließendes Testen. Der Prototyp soll lediglich zur Veranschaulichung von Anforderungen an die Benutzeroberfläche erstellt werden.

Im einfachsten Falle wird hierzu eine DIN-A4-Seite verwendet, auf die denkbare Menüs, Fenster, Symbole oder Steuerelemente der zukünftigen Software mithilfe eines Stifts gezeichnet werden. Weitere Materialien wie andere Stifte, farbiges Papier, Scheren, etc. sind zwar hilfreich, aber nicht zwingend notwendig.

---

[29] Vgl. Snyder 2003, 62f.
[30] Vgl. Snyder 2003, 66f.

**Abbildung 3:** Einfaches GUI

Quelle: Eigene Darstellung

Abbildung 3 zeigt ein einfaches GUI, welches das Hauptmenü eines Bildkonvertierers darstellen soll. Auf der linken Seite befindet sich eine Menüleiste mit einigen Buttons, die Funktionen ausüben lassen. Was passieren soll, wenn einer der Buttons betätigt wird, ist nicht Gegenstand eines einfachen Prototyps. Dieser Prototyp dient lediglich als Grobentwurf für ein zukünftiges Hauptmenü.

### 3.2.2 Erweitertes GUI-Prototyping

Das erweiterte GUI-Prototyping ermöglicht die Interaktion mit dem Prototypen, er ist testbar. Sämtliche Funktionen, die auf dem Prototypen dargestellt werden, lassen sich ausführen.[31] Hierfür bedarf es verschiedener Materialien, einer bestimmten Methodik bzw. Regelwerk sowie Personen, welche verschiedene Rollen einnehmen.

Neben Papier und verschiedenen Stiften sind Textmarker, Scheren, Tesafilm, Klebstoff, farbige Folien, Tipp-Ex und farbige Klebestreifen notwendig.[32]

Ausgangsbasis kann ein Hintergrund sein, welcher z.B. das GUI eines Hauptmenüs ist. Aufbauend auf diesen Hintergrund wird die gesamte zu testende Software in Form von Papierprototypen dargestellt.[33]

---

[31] Vgl. Snyder 2003, S. 85f.
[32] Vgl. Snyder 2003, S. 71ff.
[33] Vgl. Snyder 2003, S. 74ff.

**Abbildung 4:** Möglicher Aufbau eines Tests

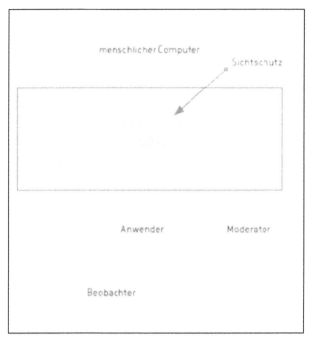

Quelle: Janneck 2006, S.3 (online)

Abbildung 4 zeigt den möglichen Aufbau einer Testsituation. Für einen Test müssen verschiedene Rollen vertreten sein. Der **Anwender** interagiert mit dem Prototyp so, als läge die fertige Software vor ihm. Ein Stift kann dabei als Mauszeiger fungieren. „Klickt" der Anwender auf einen Button, so führt der **menschliche Computer** die Folgeaktion aus, die durch den Klick ausgeführt werden soll. Hierfür muss der menschliche Computer mit den Abläufen des Systems völlig vertraut sein. Nur so kann sichergestellt werden, dass die Interaktionen des Anwenders relativ zeitnah ausgeführt werden.[34] Hier zeigen sich die ersten Grenzen des GUI-Prototypings. Bei komplexen Systemen mit vielen Ereignissen und Funktionen wird es für den menschlichen Computer sehr schwierig, alle Abläufe im Kopf zu behalten. Des Weiteren wird es auch schwer den Überblick über die vielen angefertigten Papierprototypen zu behalten und dem Anwender zeitnah die nächste Folgeaktion vorzulegen. Es empfiehlt sich daher, nur einen begrenzten Bereich des Systems über GUI-Prototyping zu testen.

Der menschliche Computer darf nur auf die Aktionen des Anwenders reagieren, er darf nicht mit ihm kommunizieren. Hierfür ist **Moderator** zuständig, der eine helfende und beratende Rolle

---

[34] Vgl. Janneck 2006, S. 3 (online)

einnimmt. Er klärt den Anwender über den Test auf und teilt ihm mit, wie er mit den verschiedenen Arten von Papierprototypen interagieren kann. **Beobachter** im Hintergrund dokumentieren den Vorgang. Sie zeichnen sämtliche Gegebenheiten und Probleme auf, die beim Test auftreten. Daher ist es hilfreich wenn der Anwender bei der Interaktion mit dem Prototyp laut denkt.[35][36]

## 3.3  Spezielle Darstellungstechniken

Für einen möglichst detailgetreuen und realistischen Test beim erweiterten GUI-Prototyping sind spezielle Darstellungstechniken erforderlich. Im Folgenden soll eine Übersicht über mögliche Darstellungstechniken erfolgen.

*Buttons und Checkboxen*

Bei Checkboxen klickt der Anwender auf eine bestimmte Auswahl und der Computer markiert diese mit einem farbigen Klebepunkt. Analog lassen sich ausgewählte Buttons über farbigtransparente Klebestreifen markieren.[37]

---

[35] Vgl. Janneck 2006, S. 3 (online)
[36] S. für Testen mit einem Papierprototyp vertiefend Snyder 2003, S. 97ff.
[37] Vgl. Snyder 2003, S. 80

*Textfelder*

Textfelder, die in der fertigen Software mit der Tastatur ausgefüllt werden sollen, können über Klebestreifen simuliert werden. Hierzu wird der Klebestreifen in die Zeile geklebt wo der Cursor zum Tippen einlädt. Nun schreibt der Benutzer mit einem Folienstift auf den Klebestreifen. Möchte er etwas anderes „eintippen", tauscht der Computer den Klebestreifen mit einem neuen aus.[38] Abb. 5 zeigt ein mögliches Textfeld (ohne Klebestreifen).

**Abbildung 5:** Textfelder

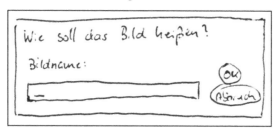

Quelle: Eigene Darstellung

Weitere Elemente, die durch Papierprototypen dargestellt werden können sind Drop-Down-Menüs, erweiterbare Dialogboxen und Listen, sowie verschiedene Cursor.[39] Mögliche Interaktionen, die durch den menschlichen Computer simuliert werden können, sind mouseovers, Rollover-Effekte, Kontextmenüs, Fortschrittsbalken, Animationen, Hyperlinks sowie Scrollen.[40] Die wichtige Funktion des Drag & Drop ist allerdings nur sehr umständlich durchführbar.[41]

## 3.4   Einbettung in den Prozess der Softwareentwicklung

Die folgende Abbildung gibt eine mögliche Einbettung von GUI-Prototyping mit anschließendem Test in den Prozess der Softwareentwicklung wieder.

---

[38] Vgl. Snyder 2003, S. 81
[39] Vgl. Snyder 2003, S. 80ff.
[40] Vgl. Snyder 2003, S. 85ff.
[41] S. für eine mögliche Umsetzung Snyder 2003, S. 86

**Abbildung 6:** Einbettung von GUI-Prototyping in den Entwicklungsprozess

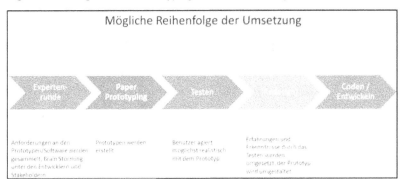

Quelle: Eigene Darstellung

Vor dem GUI-Prototyping sammelt eine **Expertenrunde** z.B. über Kreativtechniken wie Brainstorming Anforderung an die Benutzeroberfläche. Potenzielle Mitglieder dieser Expertenrunde sind sämtliche Stakeholder, die die Benutzeroberfläche in Zukunft bedienen. Das Management sowie das Marketing und der Vertrieb üben ebenfalls einen Einfluss auf die Benutzeroberfläche aus, da diese meist an einem einheitlichen Firmendesign (Corporate Identity bzw. Corporate Design) interessiert sind.[42] Entwickler sollten ebenfalls Bestandteil der Expertenrunde sein um den Stakeholdern ggf. technische Einschränkungen des Systems bekanntzumachen.

Stehen die Anforderungen an die Benutzeroberfläche fest, erfolgt im Anschluss **GUI-Prototyping**. Dabei werden wie bereits dargestellt sämtliche Anforderungen als Papierprototypen geformt. Bei diesem Prozess ist Kreativität der Teilnehmer förderlich. Weiterhin sollten sie über die ausgearbeiteten Prototypen diskutieren, sich aber nicht in Details verlieren.[43]

Der anschließende **Test** wird im Wesentlichen so durchgeführt, wie in Kapitel 3.2.2 erörtert. Fällt in der Testphase Feedback an, weil beim Durchspielen des Prototyps z.B. Fehler entdeckt wurden oder Verbesserungsvorschläge gemacht worden sind, kann dieses in einem **Redesign** umgesetzt werden. Hierfür werden dem Feedback entsprechend neue Prototypen konstruiert, welche dann erneut getestet werden. Sind alle Beteiligten zufrieden erhalten die Entwickler das Ergebnis und setzen die gesammelten Anforderungen in **Code** um.

---

[42] Vgl. Rupp 2007, S. 267
[43] Vgl. Janneck 2006, S. 2

## 4  Fazit

GUI-Prototyping löst die Problematik der Schnittstelle Entwickler – andere Stakeholder. Dies wird vornehmlich durch eine Erleichterung der Kommunikation erreicht. Nicht-Techniker sind ohne weitere Vorkenntnisse in der Lage, Anforderungen an die Benutzeroberfläche zu formulieren. Techniker können die Anforderungen über Papierprototypen besser interpretieren, als bei Verwendung der natürlichen Sprache. Auch deckt GUI-Prototyping alle Ziele für ein erfolgreiches RE ab. Weiterhin senkt GUI-Prototyping Entwicklungskosten und führt zu einem schnellen Feedback.

Grenzen des GUI-Prototypings ergeben sich aus seiner Methodik. Es erscheint schlüssig, dass mit Papier nicht alle denkbaren Funktionalitäten einer Software dargestellt werden können. Weiterhin besteht die Gefahr, sich beim Gestaltungsprozess in Details zu verlieren und dass GUI-Prototyping mit Testen zu umständlich und aufwendig wird.

Abschließend sind in Abbildung 7 Vor- und Nachteile von GUI-Prototyping zusammengefasst.

**Abbildung 7:** Vor- und Nachteile von GUI-Prototyping

| Vorteile | Nachteile |
|---|---|
| • Einfachheit | • Grenzen in der Darstellung (Drag & Drop) |
| • Kommunikation wird verbessert | • u.U. umständlich & aufwendig (erw. Prototyping) |
| • erfüllt Ziele des RE | • Gefahr sich in Details zu verlieren |
| • schnelles Feedback | |
| • keine technischen Vorkenntnisse notwendig | |
| • Kostensenkung, da frühes Testen | |
| • frühe Interaktion mit dem System möglich | |

Quelle: Eigene Darstellung

# Literaturverzeichnis

*Grechenig, Thomas / Bernhart, Mario / Breitender, Roland / Kappel, Karin,* Softwaretechnik, Mit Fallbeispielen aus realen Entwicklungsprojekten, München 2010

*Laudon, Kenneth C. / Laudon, Jane P. / Schoder, Detlef,* Wirtschaftsinformatik, Eine Einführung, München 2009

*Liggesmeyer, Peter,* Software-Qualität, Testen, Analysieren und Verifizieren von Software, Heidelberg 2009

*Pohl, Klaus,* Requirements Engineering – Grundlagen, Prinzipien, Techniken, Heidelberg 2007

*Richter, Michael / Flückiger, Markus,* Usability Engineering kompakt, Benutzbare Software gezielt entwickeln, Heidelberg 2010

*Rupp, Chris,* Requirements-Engineering und –Management, Professionelle, iterative Anforderungsanalyse für die Praxis, München u.a. 2007

*Snyder, Carolyn,* Paper Prototyping, The Fast and Easy Way to Design and Refine User Interfaces, San Francisco 2003

*Stahlknecht, Peter / Hasenkamp, Ulrich,* Einführung in die Wirtschaftsinformatik, Berlin u.a. 2005

## Verzeichnis zitierter Internet-Quellen

*Janneck,* *Michael:* Kurzbeschreibung: Papierprototypen,
http://www.janneck.de/pmwiki/uploads/kurzbeschreibung_papierprototypen.pdf
[08.05.2010]